Von Sterben, Tod und Beerdigung den Kindern erzählt

D1924253

von Dietmar Thönnes

mit Bildern von Cornelia Kurtz

Verlag Butzon & Bercker Kevelaer

Wie eine große Familie

Das Loch im Zaun ist gerade so groß, dass Anna und Leon hindurchschlüpfen können. So können die beiden Tante Hilde besuchen, ohne über die Straße zu müssen. Für Anna ist die Straße kein Problem. Sie geht schließlich schon in die zweite Klasse; ihr Bruder Leon ist aber erst vier. Und überhaupt ist der Weg durch den Zaun viel spannender, denn Mama und Papa können da nicht hinterher. Dafür ist das Loch einfach zu klein. Tante Hilde hat keine Kinder. Sie lebt allein mit Oma Therese, die eigentlich keine Oma ist, weil die Tante Hilde keine Kinder hat. Alle sind so etwas wie eine große Familie in dieser kleinen Siedlung am Rand des Dorfes.
Mittendrin wohnen Anna und Leon. Sie teilen sich ein Zimmer, weil Oma Else und Opa Heinz mit im Haus wohnen. Das ist für Anna und Leon schön. Opa geht oft mit ihnen in den Garten. Dann dürfen Anna und Leon Spinat säen oder Kartoffeln ausbuddeln.

Oma Else geht es seit dem vergangenen Herbst nicht gut. Sie ist krank. Anna und Leon müssen immer ganz still sein, seit die Oma aus dem Krankenhaus wieder zu Hause ist. Einmal hat Leon die Mama gefragt, ob Oma jetzt nicht wieder gesund ist, weil sie doch gar nicht mehr im Krankenhaus ist. Da hat Mama Leon und Anna in den Arm genommen und gesagt, dass die Oma vielleicht gar nicht mehr gesund wird.

Oma Else wird gesalbt

Pfarrer Gruber ist vor zwei Wochen zur Oma gekommen. Zuerst war der Pfarrer mit Opa und Oma allein. Dann hat er Anna und Leon und Mama und Papa zu Oma ins Zimmer gerufen und sie haben alle zusammen gebetet. Pfarrer Gruber hat eine Geschichte aus der Bibel vorgelesen, in der Jesus den Diener eines Hauptmanns gesund gemacht hat. Anschließend haben sie ein Lied gesungen und für Oma gebetet. Pfarrer Gruber hat die Stirn und die Hände von Oma Else mit Öl gesalbt. Und als er fertig war, haben alle das Vaterunser gebetet. Obwohl Anna das schon auswendig kann, war sie ganz durcheinander und hat einfach nur so getan, als ob sie betet.

Als Pfarrer Gruber dann gegangen war, sind Leon und Anna durch das Loch im Zaun zu Tante Hilde gekrochen. „Wir haben euch singen gehört und Pfarrer Grubers Auto stand vor eurem Haus“, meinte Tante Hilde. „Da wussten wir, dass ihr mit Oma Else Krankensalbung feiert.“

Und dann erklärte sie: „Ganz früher haben sich die Ringkämpfer mit Öl eingefettet, damit ihre Gegner sie nicht richtig packen konnten. Später haben dann die ersten Christen daraus ein Zeichen gemacht. Sie wollten ausdrücken, dass das Böse den Menschen, der gesalbt worden ist, nicht zu fassen bekommt.“

Da waren Anna und Leon schon wieder ein Stückchen schlauer. Ob Mama und Papa das auch wussten?

Sonnenblumen für eine Eidechse

Ein paar Tage später hat Anna gerade die letzte Rechenaufgabe fertig, als sie hört, dass Tante Hilde anfängt den Rasen zu mähen. Schnell packt sie die Hefte zusammen und schlüpft durch den Zaun, um Tante Hilde zu helfen. Als sie eben gemeinsam einen Streifen an der Hecke entlang gemäht haben, kommt Leon. Und so mähen sie zu dritt.

Als sie beim letzten Streifen angekommen sind, gibt es plötzlich ein komisches Geräusch: „Zsssspt!" Sofort schaltet Tante Hilde den Rasenmäher aus. Erschrocken bemerkt sie, was passiert ist. Sie haben eine kleine Eidechse mit dem Rasenmäher überfahren! Anna und Leon schauen traurig auf die Eidechse. Leon hat einen Stock genommen und berührt damit vorsichtig den leblosen Körper.

„Was ist mit der Eidechse?“, fragt er. Tante Hilde ist ein wenig ratlos und denkt nach. Dann sagt sie: „Die Eidechse ist tot. Tot sein, das ist ein bisschen wie schlafen, aber für immer. Die kleine Eidechse hat jetzt sicher keine Schmerzen mehr, keinen Hunger und keine Angst. Vielleicht lebt sie jetzt im Himmel – wie die Menschen, die gestorben sind.“

„Wir müssen sie begraben“, sagt Tante Hilde. – „Erinnert ihr euch, als wir im November auf dem Friedhof waren? Da haben wir die Gräber der Großeltern von Mama und Papa besucht. Wir haben eine Kerze angezündet und beim Grab über die beiden gesprochen. – Aber für Tiere gibt es keinen Friedhof. Am besten wird es sein, wir vergraben die kleine Eidechse dort hinten, in der Nähe des Komposthaufens.“

„Ich möchte, dass wir eine Blume darauf pflanzen“, meldet sich Anna.

Tante Hilde holt eine Tüte mit Sonnenblumensamen. „Die legen wir jetzt in den Boden, und wenn die Sonnenblumen blühen, könnt ihr immer erkennen, wo die kleine Eidechse begraben ist.“

Eine Nacht voller Aufregungen

In der Nacht träumt Anna von den Sonnenblumen, die am Komposthaufen von Tante Hilde wachsen. Sie werden immer größer und wachsen fast bis in den Himmel.

Plötzlich wird sie von einem Rumpeln geweckt. Vorsichtig steht sie auf. Mama und Papa kommen ihr entgegen. „Oma geht es nicht gut", sagt Papa und nimmt Anna an die Hand.

Noch bevor Anna etwas fragen kann, klopft es vorsichtig an der Haustür. Es sind Tante Hilde und Oma Therese. Anna freut sich. Tante Hilde bückt sich zu Anna hinunter. „Opa Heinz hat uns vorhin angerufen. Da sind Oma Therese und ich gekommen, um mit euch für Oma Else zu beten."

Gemeinsam gehen sie in das Schlafzimmer, wo Opa Heinz neben dem Bett von Oma Else sitzt und ihre Hand streichelt. Die Oma ist sehr blass; sie hat die Augen geschlossen und atmet nur leicht. Anna kann sehen, dass sich die Bettdecke ein wenig hebt und senkt. Anna darf sich zu Mama auf den Schoß setzen. Oma Therese holt einen Rosenkranz aus ihrer Tasche und fängt leise an zu beten: „Im Namen des Vaters …"

Beim langsamen Wiederholen des Gegrüßet-seist-du-Maria schläft Anna ein. Als Anna aufwacht, sieht sie, dass sich die Bettdecke nicht mehr hebt und senkt. Das kann doch nicht sein. Was ist los? Sie schaut in Oma Thereses Gesicht und sieht, dass sie leise weint. Langsam rutscht sie von Mamas Schoß und geht zu Opa hin. Er drückt sie fest an sich. Anna streicht ganz vorsichtig über Omas Hand. Sie ist etwas kühler als sonst. Ihr Gesicht ist jetzt fast, als ob sie lächelte. Anna spürt, dass ihr die Tränen über die Wangen laufen. Erst jetzt wird ihr wirklich klar, dass die Oma tot ist. Sie ist gestorben – wie gestern die kleine Eidechse, die sie mit Tante Hilde und Leon im Garten begraben hat.

Omas schwarzes Kleid

Es klingelt an der Haustür. Inzwischen ist es schon fast neun Uhr. An den Stimmen erkennt Anna Tante Anne und Onkel Thomas. Tante Anne ist Annas Patentante und Onkel Thomas ist Mamas älterer Bruder.

Tante Anne und Onkel Thomas haben in der Stadt ein Beerdigungsunternehmen. Jetzt sind sie sicher wegen Oma da.

Als sie um Omas Bett stehen, blickt Anna sich vorsichtig um.

An der Kleiderstange am Schrank hängt Omas schwarzes Kleid mit dem weißen Spitzenkragen. Als die Oma noch nicht krank war, durfte Anna mit ihr im Kleiderschrank stöbern und sich verkleiden.

Sogar Omas große Schuhe hat sie anprobieren dürfen. Damals hat Anna auch dieses Kleid schon gesehen.

„Warum ziehst du das nie an?", hat sie die Oma gefragt.

Da hat Oma Else gelächelt, ihr über den Kopf gestrichen und gesagt: „Das ist für einen ganz besonderen Anlass, für meine letzte Reise. Da möchte ich doch etwas besonders Schönes anhaben."

Papa sagt: „Damit die Oma schön aussieht, wird sie noch einmal gekämmt. Mama und Onkel Thomas falten ihr die Hände, legen ihr den Rosenkranz zwischen die Finger und ziehen ihr das schwarze Kleid an."
In dem Moment hält ein langes, schwarzes Auto vor dem Haus. Als sie die Haustür öffnen, kommt gerade auch Pfarrer Gruber um die Ecke gebogen. Er begrüßt Mama, die neben Anna steht: „Es tut mir Leid, Frau Fink. Mein herzliches Beileid." Mama hat Tränen in den Augen.
„Sie trinken doch eine Tasse Kaffee mit uns?" Mama schiebt den Pfarrer in die Küche. „Aber gerne. Dann können wir gleich die Lieder für die Beerdigungsmesse aussuchen."

Anna nimmt Leon bei der Hand und flüstert ihm ins Ohr: „Komm, wir gehen rüber zu Tante Hilde!“ Gemeinsam schauen sie zu, wie Onkel Thomas und Papa den Sarg mit der Oma vorsichtig in das Auto schieben.
„Jetzt wird Oma Else in die Leichenhalle zum Friedhof an der Kirche gebracht. Und übermorgen Abend gehen wir dann zum Totengebet in die Kirche.“
„Können wir da mit?“, erkundigt sich Anna.
„Sicher. Da werden wohl auch alle Nachbarn dabei sein.“
In dem Moment läutet die Totenglocke der Kirche.
„Ist das für Oma?“, erkundigt sich Anna.
„Ja, damit alle im Dorf wissen, dass jemand gestorben ist, läutet um zwölf nach dem Angelusläuten die Totenglocke“, sagt Tante Hilde und schubst die Plätzchen vom Blech, die sie gerade gebacken hat.

3

Oma Else wird beerdigt

Am Tag der Beerdigung muss Anna nicht zur Schule. Sie zieht das grüne Kleid an und geht in die Küche, wo schon alle auf sie warten.
In der Kirche setzen sie sich dann alle in die erste Reihe: Opa und Mama und Papa und auch Tante Anne und Onkel Thomas.
Pfarrer Gruber zieht mit einem Messdiener in die Kirche ein.
„Mama, warum hat der Pfarrer heute so ein schwarzes Gewand an?", flüstert sie ganz leise der Mutter zu.
„Schwarz ist die Farbe der Trauer. Und wir haben ja auch alle dunkle oder schwarze Kleider an, weil wir traurig sind."
Pfarrer Gruber spricht davon, dass Oma Else allen in Erinnerung bleiben wird: „Auch wenn wir sie vermissen, werden wir doch immer gerne an sie denken. In Jesus Christus ist uns eine sichere Hoffnung auf die Auferstehung gegeben. Diese Hoffnung nimmt uns zwar nicht die Trauer, sie lässt uns aber zuversichtlich glauben, dass unsere Schwester Else bei Gott weiter lebt. Darum wollen wir jetzt gemeinsam das heilige Mahl feiern und für die Verstorbene beten."

A
Ω

Nach der Messe gehen sie alle zusammen in die Leichenhalle. In der Mitte der Halle steht der Sarg. Neben dem Sarg liegen viele Kränze mit wunderschönen bunten Blumen. Daran hängen Schleifen mit goldener oder schwarzer Aufschrift.
Anna versucht sie mit schief gelegtem Kopf zu lesen: „In stiller Trauer … Die Nachbarn“ – „Unserer lieben Mutter … In Dankbarkeit“. Sie dreht sich um und sieht Tante Hilde hinter sich stehen. „Schau, ich hab dir ein Sträußchen mitgebracht. Es sind Wicken aus dem Garten, die euch Oma Else im vergangenen Sommer gezeigt hat. Du weißt doch, dass sie Wicken besonders gern mochte.“
Inzwischen ist auch der Pfarrer in die Trauerhalle gekommen. Der Messdiener trägt ein Kreuz und der Pfarrer ein Eimerchen mit Weihwasser.

Als sie gemeinsam für Oma gebetet haben, wird der Sarg nach draußen gerollt. Alle gehen langsam hinterher. Vor dem offenen Grab bleiben sie stehen. Der Sarg wird auf zwei Bretter gestellt, die quer über dem Loch liegen.
„Lasst uns beten …“, sagt der Pfarrer mit lauter Stimme und spricht ein Gebet. Langsam wird der Sarg mit zwei Seilen in die Grube gelassen und mit Weihwasser besprengt. Dann wirft Pfarrer Gruber mit einer kleinen Handschaufel etwas Erde auf den Sarg und sagt: „Von der Erde bist du genommen und zur Erde kehrst du zurück. Der Herr aber wird dich auferwecken.“
Nach dem Vaterunser und dem Schlussgebet verneigen sich der Pfarrer und der Messdiener vor dem offenen Grab. Jetzt sind die Verwandten dran. Als Anna an der Reihe ist, beugt sie sich vor und lässt das Wickensträußchen auf den Sarg fallen. Sie hat Tränen in den Augen.

Der Reihe nach treten jetzt alle Leute ans Grab. Anschließend gehen sie zu Opa und den anderen und drücken ihnen die Hand. Opa nimmt immer wieder sein Taschentuch und tupft sich die Augen.
„Mama, können wir jetzt bald gehen?“, fragt Leon ungeduldig.
„Ja, gleich. Wir warten nur noch, bis alle weg sind.“
Bald darauf sagt Onkel Thomas: „So, jetzt können wir zu Ruhrmanns zum Kaffeetrinken gehen.“

Auf dem Weg zum Café Ruhrmann fragt Anna Tante Hilde: „Warum legt man denn diese Kränze neben den Sarg und macht solche goldenen Schleifen daran?“

„Die Blumen sind ein Zeichen für das Leben“, erklärt Tante Hilde. „Sieh mal, wie bunt das Leben ist, wenn nicht alle schwarze Sachen tragen! Die Kränze bedeuten, dass wir glauben, dass mit dem Tod ein neues Leben bei Gott anfängt. So ein Kranz ist rund und sein Ende ist immer auch ein Anfang. Auch das ist ein Zeichen für den Tod und die Auferstehung.“

Inzwischen sind sie im Café angekommen. In dem kleinen Saal sitzen schon viele Leute. Als Anna sich umblickt, erkennt sie einige Nachbarn und ein paar ältere Tanten, die Oma immer besuchten. Auf dem Tisch stehen belegte Brötchen und große Kuchenteller mit Bienenstich und Butterkuchen. Anna und Leon finden Platz neben Opa Heinz.
Nach einiger Zeit kann Anna aus dem Stimmengewirr im Saal das erste Lachen hören.
„Opa?“, fragt sie, „warum trinken wir denn hier jetzt Kaffee und sind schon wieder lustig?“
„Ach, Anna! Wir sind eigentlich nicht sehr lustig. Das ist nach einer Beerdigung so üblich, weißt du. Da sitzt man zusammen und erinnert sich an die Verstorbenen – so wie wir jetzt an Oma Else. Und da ist eben auch manchmal was Komisches dabei.“
Anna versteht, was Opa meint. Denn Oma Else war, als sie noch nicht krank war, eine ganz Fröhliche. Oft hat sie mit Anna und Leon solche Späße gemacht, dass Mama schimpfen musste. Einmal haben sie dabei Tante Hilde über die Hecke mit dem Gartenschlauch angespritzt. Daran erinnert sich Anna gut und muss darüber lachen.

Zur Erinnerung

Am Tag nach der Beerdigung ist wieder fast alles wie immer. Anna muss zur Schule und Leon wird in den Kindergarten gebracht.

Als schon eine Woche vorbei ist, sagt Mama: „Geh doch mal zu Opa rauf und frag ihn, ob er mit dir zum Friedhof gehen mag. Ihr könnt eine Kerze mitnehmen und anzünden."

„Warum sollen wir denn eine Kerze mitnehmen, es ist doch gar nicht dunkel?", wundert sich Anna.

„Die Kerze ist auch so ein Zeichen für das Leben, wie die Blumen und die Kränze. Und weil wir glauben, dass Oma jetzt bei Gott lebt, stellen wir manchmal als Zeichen dafür eine brennende Kerze auf Omas Grab."

Als sie vor dem Grab stehen, sieht Anna die verwelkten Kränze und Blumen. „Wann wird das denn abgeräumt?“, fragt sie.
„Bevor wir das Sechswochenamt feiern, pflanzt der Friedhofsgärtner Sträucher auf das Grab.“
„Was ist das, ein Sechswochenamt?“, will Anna wissen.
„Nach etwa vierzig Tagen, das sind ziemlich genau sechs Wochen, kommen wir alle noch mal in der Kirche zusammen, um für Oma Messe zu feiern und zu beten. Anschließend gehen wir noch einmal gemeinsam zum Friedhof.“
Opa steht ganz still. Anna drückt seine Hand und sagt: „Opa, ich denk jetzt ganz fest an Oma!“
„Ja, Anna, lass uns still ein Gebet für Oma sprechen!“

Als Opa zum Abendessen zu ihnen herunterkommt, bringt er die kleine Konfektschale mit, in der Oma immer Pfefferminzbonbons aufbewahrte. Er sagt: „Die ist für euch, Anna und Leon, damit ihr euch immer an Oma Else erinnert. Wenn ihr euch ein Bonbon nehmt, könnt ihr an sie denken.“

Am Abend, als Anna in ihrem Bett liegt und es ganz dunkel ist, denkt sie wieder an Oma Else. Im vergangenen Sommer haben sie noch gemeinsam Wicken gepflückt und sich über die wunderschönen Blüten gefreut. Das werden sie jetzt nie wieder tun. Oma wird auch nie mehr Mensch-ärgere-dich-nicht mit ihr und Leon spielen oder gemeinsam mit ihr Blumen gießen oder … Leise weint Anna in ihr Kopfkissen.
Doch bevor sie einschläft, denkt sie daran, wie der Opa heute Nachmittag eine Kerze auf Omas Grab angezündet hat. Gleich morgen will sie mit Mama in die Kirche gehen und selbst eine Kerze anzünden – in der Kirche, wo vor der Madonna immer so viele helle Lichter brennen.

In dieser Reihe ist unter anderem erschienen:

Georg Essen / Renate Schuler
Von Tod und Auferstehung den Kindern erzählt
mit Bildern von Margret Bernard-Kress
ISBN 3-7666-0191-1

**Bibliografische Information
Der Deutschen Bibliothek**

Die Deutsche Bibliothek verzeichnet diese Publikation in der Deutschen Nationalbibliografie; detaillierte bibliografische Daten sind im Internet über http://dnb.ddb.de abrufbar.

verlags gruppe engagement

Das Gesamtprogramm von Butzon & Bercker finden Sie im Internet unter www.bube.de

ISBN 13: 978-3-7666-0445-3
ISBN 10: 3-7666-0445-7

2. Auflage 2006

© 2002 Verlag Butzon & Bercker D-47623 Kevelaer
Alle Rechte vorbehalten.
Umschlaggestaltung: Cornelia Kurtz
Gesamtherstellung: Benatzky Druck & Medien, Hannover